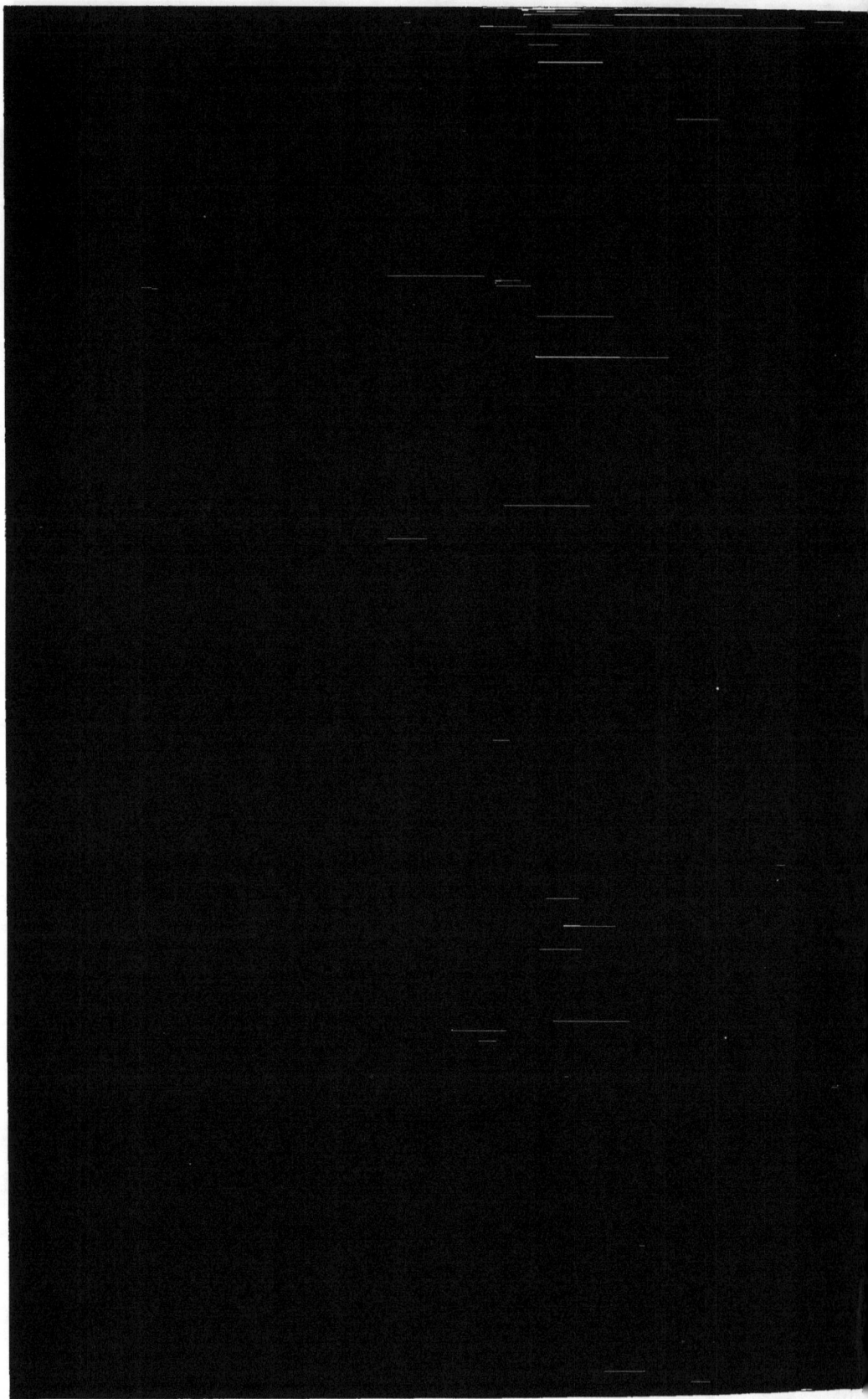

LOGE "LA RAISON"

Inscription des Indigènes Musulmans

D'ALGÉRIE

Rapport du Fr∴ Mendil KARSENTY

Décembre 1908

ORAN

IMP DU FR∴ AGULLO

2, Rue Thiers, 2

LOGE "LA RAISON,,

Conscription des Indigènes Musulmans

D'ALGÉRIE

Rapport du Fr∴ Mendil **KARSENTY**

Décembre 1908

ORAN

IMP∴ DU FR∴ AGULLO

2, Rue Thiers, 2

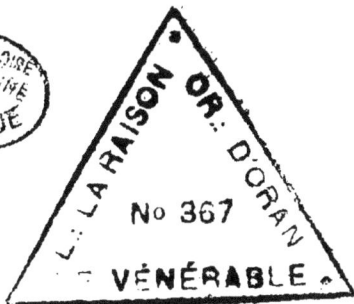

Rapport du F∴ Mendil KARSENTY

SUR LA

Conscription des Indigènes musulmans d'Algerie

TR∴ CH∴ VEN∴ M∴
OFF∴ DIGN∴
ET VOUS TOUS MES FF∴

Notre TR∴, VEN∴ M∴ avait bien voulu me charger d'un rapport sur la question de la:

CONSCRIPTION DES INDIGENES MUSULMANS D'ALGERIE

Je ne me dissimule ni l'importance de la question ni la difficulté de ma tâche, et, je n'aurais certes pas osé entreprendre un pareil travail si je ne savais pouvoir compter sur votre extrême bienveillance.

Une telle question présente un intérêt vital pour la Colonie et il n'est aucun de nos concitoyens qui puisse rester indifférent à cette mesure. C'est un devoir pour chacun de nous de l'examiner à fond de voir si elle est bonne pour l'approuver ou mauvaise pour la combattre énergiquement.

En vous préparant cette étude, mes FF∴, j'aurais grandement désiré recourir aux sources officielles, aux documents authentiques, mais malheureusement ces sources m'ont fait défaut, et j'ai dû me borner à interroger pour ainsi dire l'opinion publique, à saisir au vol les déclarations des hommes politiques et des membres de la presse les plus compétents et à formuler l'idée ambiante en Algérie, faisant, autant que possible, abstraction de mon opinion personnelle.

La question de la Conscription à appliquer aux indigènes musulmans d'Algérie, dans des conditions absolument identiques à celles qui régissent les Français, a surgi dans les derniers mois de l'année 1907. M. Messimy, député de la XIVe circonscription de Paris, ancien officier, très compétent en matière militaire, effrayé comme tant d'autres, de la diminution de nos effectifs de nos cadres à l'état de squelettes, dès la mise en pratique de la loi de 2 ans, a pensé que ces déficits pourraient être amplement compensés par l'extension de la Conscription aux indigènes kabyles et Arabes d'Algérie, réputés, à quelque apparence, pour des races éminemment guerrières. Évoquant le souvenir des services rendus dans le passé par les régiments de tirailleurs indigènes, il s'est demandé si l'heure n'était pas venue d'augmenter cet élément de défense nationale par l'obligation du service militaire. Et statistique en mains, il a émis l'opinion que cette population de 5.000.000 d'individus pouvaient sans peine fournir tant à l'armée active qu'aux réserves, 150.000 soldats incomparables. C'est l'expression littérale de M. Messimy, sur laquelle on doit dès à présent formuler les plus expresses réserves.

Cette idée à peine émise, a rencontré de nombreux et chaleureux partisans, dans le parlement, dans les hautes sphères militaires, et dans les plus grands organes de la presse métropolitaine dont le devoir en cette circonstance était plutôt de réfréner l'engouement passionné d'un public absolument ignorant des choses de l'Algérie, mais heureux de voir la marotte du service de 2 ans conciliable avec les exigences de la défense nationale et d'avoir trouvé sous la main 150.000 hommes guerriers empressés de suppléer les Français dans la défense de la patrie.

Il serait trop long d'énumérer tous les grands organes de la presse métropolitaine qui se sont faits les défenseurs, les propagateurs fervents de cette idée à peine émise et avant d'en avoir seulement discuté le mérite.

Pour vous donner une idée des illusions de cette presse, je ne puis mieux faire que de vous citer deux ou trois extraits des plus grands publicistes de Paris où l'idée de la Conscription indigène est prônée comme le remède, comme le panacée de notre faiblesse militaire.

M. Pierre Baudin ne craint pas d'écrire, dans le "Journal,, (Janvier 1908) en ces termes enflammés :

«Nous défendons l'Afrique alors que c'est l'Afrique qui peut servir à nous défendre. Les peuples auxquels nous apportons la sécurité. la régularité des services de l'Etat, la santé et le bien-être nous rendrons (!!!) ces bienfaits en participant à notre défense. Nous avons d'ailleurs intérêt à éliminer l'élément européen et à ne e conserver que dans la limite où il est nécessaire pour encadrer les indigènes

«Les Armées d'Afrique nous seront un jour une réserve d'une grande puissance en cas de guerre européene. Les 30 ou 40 millions d'indigènes que nous tenons sous notre tutelle, pourront nous fournir aisément 1.500.000 ou 2.000.000 d'hommes y compris les réserves. Bien entendu. sur ce chiffre élevé nous pourrons prélever 5 ou 6.000.000 hommes de troupes jeunes. capables de résister au climat d'Europe. pendant la durée d'une campagne.

«L'Afrique trop longtemps rebelle, s'emplit de promeses. Il faut qu'elle nous rende le sang que nous lui avons donné et elle nous en doit beaucoup. »

Le «Rappel» qui n'ignore point pourtant les appréhensions des Algériens et plus particulièrement des colons au point de vue de leur sécurité, appréhension qu'il raille, écrit:

«En outre les colons s'opposent aux droits électoraux qu'il faudrait accorder en échange de l'impôt du sang. Pourquoi hésiterait-on à naturaliser les indigènes, alors qu'on naturalise aisément les Espagnols, les Italiens et les Allemands?

«L'Arabe est déjà sujet Français par sa naissance; bon Français même depuis plusieurs années: cette mesure ferait beaucoup plus de bons Français. Quel mal peut-on voir dans ce résultat? »

Et le «Rappel» cite à l'appui de son opinion celle de Mohamed Ben Driss, oficier de la légion d'honneur, ancien officier de cavalerie qui fut officier d'ordonnance du Général de Gallifet. qui affirme impertubablement qu'il ne croit pas qu'au cas où «le service militaire obligatoire serait imposé aus indigènes les arabes se révoltent et se soulèvent, car les révoltes sont les faits de marabouts, la masse est soumise et fidèle, et il suffirait de controler les chefs et les marabouts pour garantir l'ordre »

J'en passe, mes FF., et des meilleurs et vous voudrez bien m'excuser de vous avoir cité un peu longuement les extraits de deux journaux importants de la presse Parisienne qui vous donneront une idée du ton de beaucoup d'autres qui ont acceuilli avec enthousiasme le projet de la Conscription des indigènes, qui doit dispenser les citoyens français du devoir sacré de défendre leur propre sol et nous procurer avec le temps, par centaines de mille d'admirables soldats pénétrés du devoir de nous défendre. Ce qui vous frappera mes FF.., c'est que l'opinion de M. Messimy à peine émise de nouveaux publicistes, de nombreux membres du parlement l'adoptent sans le moindre examen, sans la moindre discussion sans avoir eu le temps moral suffisant de s'entourer des renseignements les plus superficiels et lancent à l'envi les affirmations les plus téméraires. M. Messimy leur a donné en pâture un sujet certainement très interressant, une conception qui doit donner beaucoup à penser à tous les hommes politiques, les économistes, les sociologues, et cette presse sans avoir la moindre notion des choses d'Algérie, au risque de provoquer les plus grands bouleversements et les plus grands malheurs, se met à faire dans la métropole une propagande effrenée pour une question dont elle ne connait pas les premiers mots.

En France, mes FF.. les phrases creuses mais ronflantes produisent souvent beaucoup d'effets on s'engoue aisement pour des chimères on y est volontiers sentimental au dépens d'autrui.

Trop souvent nos laborieux colons passent pour d'âpres oppresseurs de ces «pauvres arabes» qu'ils voudraient tenir à tout jamais dans la plus humiliante sujétion pour les exploiter sans merci.

C'est contre de telles tendances, contre de tels préjugés que nous devons nous élever. Il faut réagir contre l'action néfaste d'une partie de la presse métropolitaine. Par l'organe de nos conseillers municipaux, conseillers généraux, députés et sénateurs, par l'organe de nos journaux, par celui de tous les vrais amis de la Colonie, l'Algérie doit prendre la parole et dire bien haut que sous la question de la Conscription des Indigènes, s'agite la question, non moins grave, non moins intéressante, non moins palpitante de la ruine de l'Algérie, de la liquidation de la Colonisation et de l'exode de nos colons spoliés de la terre qu'ils ont si admirablement fécondée de leurs sueurs et de leur sang. Il s'agit en un mot de décider si l'Algérie restera une terre française ou retournera dans quelques années dans la barbarie d'où nous l'avons tirée.

J'ai dit tout-à-l'heure que le projet Messimy avait été accueilli avec la plus grande faveur par un nombreux public. Cette faveur gagna tout aussitôt les hautes sphères militaires, et le Ministre de la Guerre Picquart a nommé aussitôt une commission chargée de faire sur place une étude préparatoire et nous dirons plus loin le résultat de ses travaux.

Le projet de Conscription appliqué aux indigènes était si en faveur au Ministère de la Guerre, on y était si enchanté d'avoir découvert en Algérie une pépinière inépuisable de soldats, qu'on songea un moment a escamoter la question au vote du parlement dont on redoutait les lenteurs, on redoutait aussi les obstacles que la libre discussion ne pourrait manquer de provoquer.

On songea donc au Ministère de la Guerre à trancher la question par un simple décret, on prétendait en avoir le droit en se basant sur je ne sais quel article de la loi du recrutement de 1905. Ainsi, alors qu'il n'est pas possible de percevoir le moindre impôt sans une loi votée par les deux Chambres, le Ministère de la Guerre par une étrange aberration, prétendait soumettre par simple décret une population de 5.000.000 d'indigènes à un impôt incomparablement plus dur que l'argent, l'impôt du sang.

Heureusement l'éveil était donné. La presse et le public se passionnait pour ou contre la question, les premiers renseignements recueillis parmi les indigènes les colons et les milieux administratifs, avaient été loin d'être en majorité favorable au nouveau projet et le Ministre Picquart n'eut pas osé trancher, sans un vote favorable des Chambres, une aussi grosse question.

Ce qui précède, vous laisse entrevoir déjà mes FF∴, que la Conscription imposée aux indigènes avec toute l'ampleur, toute la généralité que lui donne M. Messimy, serait un grand malheur pour l'Algérie.

Ce n'est pas moi qui parle. Ce sont d'autres organes très appréciés de la presse Algérienne et métropolitaine dont je vais faire de brèves citations.

La « Dépêche Algérienne » dit « que l'indigène n'aime point la « Société Française et en appliquant la Conscription aux arabes, ce « n'est pas nos forces que nous augmenterions, mais celles de nos « adversaires. »

« Il est à souhaiter qu'il ne se trouve pas de Gouvernement pour « sanctionner un pareil désastre national une telle faillite de la civi- « lisation. »

Et il en conclut au maintien des troupes mercenaires indigènes dans une proportion plus ou moins forte.

M. Paul Leroy Beaulieu dans le « Journal des Débats », dit sans embages, que les conséquences du service militaire obligatoire pour les indigènes lui paraissent devoir être désastreuses, et que même en usant de toutes les atténuations possib'es, on risquerait de compro- mettre d'une manière irrémédiable l'avenir de la France en Algérie, aussi dans toutes l'Algérie les objections viennent de tous cotés. Elles sont d'ordre politique, social et économique.

M. Leroy Beaulieu ajoute:

« Elle a soulevé une vive opposition chez les colons et chez le in- « digènes musulmans. Ces deux éléments qui ont des conceptions « différentes sous beaucoup de rapports, ont exactement la même « opinion sur ce point. Il est grave quand il s'agit d'une grande Colo- « nie de prendre une mesure importante et durable qui a contre elle « tous les éléments divers de la population. Et puis il y a un double « péril: a savoir le péril insurrectionnel accru, si l'on donne à nos in- « digènes musulmans des habitudes militaires et si on leur impose « sans compensation des charges qui les répugnent, d'autre part le « péril politique si l'on donne à nos sujets musulmans astreins dé- « sormais au service militaire obligatoire la seule compensation pos « sible, c'est à-dire le suffrage universel. »

M. Cuttoli député de Constantine dans « L'action » estime « la « Conscription indigène une mesure contraire aux intérêtes de l'Al- « gérie qui est une Colonie de peuplement où la population européene « disséminée sur un territoire étendu, a pris souche. Les colons se- « raient exposés dans leurs villages et dans leurs fermes à toutes les « horreurs de l'insurrection, car les arabes subissent notre autorité « mais sont désireux de s'en affranchir. »

Enfin le « Messidor » formule ainsi son opinion.

« La question du recrutement des indigènes est infiniment plus
« délicate qu'on ne le suppose en France. La Conscription généra-
« lisée en Algérie peut nous donner des contingents nombreux, peut
« permettre, si on le veut, de doubler en temps de paix nos effectifs
« Algériens, de les quintupler, voire même de les décupler en temps
« de guerre c'est entendu. Mais il ne faut pas s'illusionner avec des
« chiffres. La question de la qualité de la troupe, celle de son esprit,
« sont aussi importantes que celle du nombre. »

Je crois inutile de multiplier ces citations par les meilleurs esprits, par tous les hommes de sens et de reflexion, la Conscription
est réputée une mesure dangereuse, inopportune, capable seulement
de procurer de grandes déceptions à ceux qui veulent voir dans les
concrits kabiles et arabes un important complément à la défense
nationale.

En présence de l'émotion qui s'est emparée de tous les esprits, colons et indigènes inspirés par des motifs bien différents, en présence
des véhementes protestations de tous les corps élus, les partisans à
outrance de la Conscription indigène ont voulu prouver que cette
mesure n'entrainerait de conflagration d'aucune sorte, qu'elle passe-
rait inaperçue avec un peu d'habitude, et ils citent à l'appui de leur
thèse l'exemple de la Tunisie qui a vivement frappé les membres de
la Commission nommés par le Ministre de la Guerre.

A ces fins M. Messimy écrit dans le " Matin ,,:

" Pour dissiper les appréhensions de nos compatriotes d'Algérie,
« il doit suffire de leur montrer l'exemple de la Tunisie dont les
« troupes indigènes sont recrutées par les voies de tirage au sort sur
« tout le territoire de la Régence, sans qu'il en résulte aucune diffi-
« culté ni aucun trouble. Pour gagner l'opinion des bons Français
« d'Afrique à ce projet qui donnerait à notre pays un si serieux
« accroissement de force militaire, c'est à dire d'un intérêt capital
« pour la nation toute entière. »

Halte là, M. Messimy! Nous avons la prétention d'être aussi bon
patriote que vous, mais habitants de l'Algérie, la question vitale pour
nous c'est la sécurité de nos personnes et de nos biens. Nous nous
flattons aussi de n'être pas indifférent à la grandeur à la puissance de
la France et nous nous demandons si ce n'est as plutôt vous qui cher-
chez à la compromettre en appelant sous nos drapeaux des hordes

barbares insensibles à tout ce que nous appelons patriotisme, qui une fois acquise, l'habitude des armes, s'empresseront de s'en servir contre nous au point qu'il vous faudrait peut-être mettre sur pied toutes les forces militaires de la métropole pour les réduire.

D'ailleurs l'exemple de la Tunisie ne tire pas à conséquence, tant s'en faut. La Conscription était une institution fonctionnant régulièrement bien des années avant l'établissement du Protectorat. Elle avait été établie par le Bey dans un temps où il se comportait comme un véritable souverain absolu jouissant auprès de ses sujets d'une autorité morale incontestée et sans limite. Quand le Bey parle, les Tunisiens se soumettent sans répliquer et sans murmurer à ses ordres·

Le cas est bien différent en Algérie où la Conscription émanerait d'une autorité étrangère exécrée qui ne règne que par la crainte qu'elle inspire et qui s'évanouirait comme un fantôme si la force venait à lui manquer.

En résumé mes FF∴ la question qui se pose aujourd'hui est celle-ci: Peut-on légalement imposer la Conscription aux indigènes? Cette mesure serait-elle conciliable avec l'intérêt de la Colonisation et avec la sécurité des Européens en Algérie.

Enfin la France en retirerait-elle au moins les avantages que l'on préconise au point de vue de l'accroissement si désirables des forces militaires de la France? Ne serait-elle pas plutôt une cause d'inquiétude à l'intérieur?

La légalité de la Conscription obligatoire pour les indigènes n'est pas douteuse. Il suffirait d'une loi régulièrement votée par la Chambre pour l'imposer aux indigènes comme aux Français de la métropole. Dans l'idée que nous nous faisons de l'omnipotence de la souveraineté nationale résidant dans ses représentants, les Arabes n'auraient qu'à se soumettre.

On ne saurait invoquer la capitulation d'Alger en 1830. Il serait oiseux de démontrer que le général commandant l'armée française, n'avait pas qualité pour leur accorder une sorte de Charte qui les régirait à perpétuité. Dans l'esprit du maréchal de Bourmont, la capitulation n'était qu'une mesure généreuse tout à fait locale destinée à rassurer pour leurs vies pour leurs femmes et pour leurs biens, une population qui s'attendait à un châtiment.

D'autre part, dans l'état actuel du droit public international, la maxime de Bismark. « La force prime le droit » n'a pas cessé d'être la seule régle observée pour la nation victorieuse à l'egard de la nation vaincues. Les nations qui passent pour marcher à la tête de la civilisation la pratiquent ouvertement et sans crupules. Exemple L'Angleterre et les Boers, les Etats Unis et les Philippines, l'Allemagne et ses sujets Polonais. Autorisée de tel exemples la France est parfaitement en droit de dire à ses sujets Algériens: « Vous servirez dans les armés où et pendant le temps que je prescrirai. »

Mais, maîtres absolus, du sort des vaincus, redoutons de commettre tout à la fois une grande iniquité et une imprudence suprême.

En appliquant la Conscription aux indigènes nous nous montrerions injustes à leur égard, puisque nous n'voulons pas, sous peine d'abdiquer notre souveraineté dans le pays, conquis au prix de tant d'heroïques efforts au prix de si grands sacrifices d'hommes et d'argent, lui donner le seul bien qui puisse équivaloir à l'impôt du sang, la plénitude des droits électoraux.

Je dis mes FF∴. que l'application de la Conscription aux indigènes. conduit fatalement à l'attribution à leur profit des droits electoraux.

Nous savons bien (voir le Journal Messidor du 2 mars) que pour faire passer plus aisément la chose. on affirme de divers côtés que l'enquête de la commission militaire a donné en ce qui concerne l'attribution du titre de citoyens français aux indigènes, des indications formelles et très précises sur leurs dispositions à cet égard. On p étend que les résultats de l'enquête sont de nature à rassu er pleinement les Algériens à ce sujet, car à part certains groupements, les Kabiles et les Arabes, d'une façon générale, n'ont aucune envie de la nationalisation; ils estiment n'avoir rien à gagner à l'acquisition d'un titre dont les conséquences tro ib eraient profondément leurs tradition set leurs modes d'existence. On conclut qu'ils ne le réclameront pas.

Cela est exact pour aujourd'hui, mais il n'en sera plus de même plus tard. L'indigène arraché à son douar et revolutionné dans ses conditions d'existence et dans ses idées, par le séjour de la caserne pendant 2 ou 3 ans, par son contact journalier avec les Français. Il se rendra compte de l'état d'infériorité que lui assigne sa condition d'indigène il aspirera à l'égalité. Autant il repousse aujourd'hui la qualité de citoyen français autant il la désirera. La presse métropolitaine et le Parlement s'enthousiasmeront pour ce qu'ils appeleront une idée généreuse et juste et il faudra bon gré mal gré lui accorder la naturalisation.

On en voit d'ici les conséquences: les Arabes formant la majorité numérique, presque partout nos conseillers municipaux et nos conseillers généraux seraient peuplés d'indigènes. L'Algérie serait représentée au Parlement par des Députés et des Sénateurs Arabes.

Dans quelle situation intolérable nous trouverions-nous? Il ne vous resterait plus qu'à émigrer en abandonnant nos biens.

La jouissance des droits électoraux, ce serait pour l'indigène la revanche de la conquête.

Nous commettrons une monstrueuse imprudence.

Dans un pays où la population française et européenne n'est pas du 9ᵐᵉ de la population indigène, vous allez donner des armes à toute cette multitude, l'habituer à leur fonctionnement et lui donner conscience de sa force numérique avec l'envie de s'en servir.

Arrivons à la 2ᵐᵉ question. La conscription indigène est-elle compatible avec la sécurité des colons? On peut répondre hardiment Non! et cela pour bien des raisons.

Prenons les débuts des conscrits. L'indigène ne se laissera pas arracher sans résistance du milieu au milieu duquel il est habitué à vivre. D'abord il se présentera une difficulté: A quel âge incorpore-ra-t-on l'Indigène? Est-ce à 15 ans comme le réclament quelques uns? Mais les familles n'y verraient qu'un rapt d'enfants, rapt odieux, mobile de futures vengeances sur nos personnes et sur nos biens. Attendra-t-on qu'il ait atteint 18 ou 20 ans? Mais alors un grand nombre d'arabes des douars et même des ville ont acheté leurs femmes. Ils ne pourront nous pardonner de les ravir à leur bien.

Si la Conscription est appliquée en grand et sans nombre de mesures restrictives, que je ne puis examiner ici, il arrivera ce qui est arrivé dans tous les pays d'Europe, au début du XIXᵉ siècle, lorsque Napoléon dont la volonté ne connaissait pas d'obstacles, décrétait d'un trait de plume la Conscription dans les pays soumis par ses armes. Nous aurons alors des réfractaires en masse. Protégés par les solicitudes d'un pays encore peu habité et extrèmement accidenté par des déserts, abrités, assistés par leurs correligionnaires toujours hereux de nuire aux « Roumis », ces réfractaires auxquels se joindront des déserteurs seront légion.

Mais passons. Voilà l'Arabe enregimenté. On l'envoie faire ses quelques années de service en France, s'il peut se faire tolérer dans la vie de garnison, dans les autres colonies françaises, s'il y a de l'occupation à lui donner « la guerre ». Mais cette absence ne sera pas de longue durée et l'arabe que nous avons vu tremblant et timoré au départ, nous reviendra avec d'autres habitudes, hardi, intempérent, se comportant partout comme en pays conquis, fier d'avoir porté les armes et jugeant tout autre fardeau indigne de lui. Il ne faut pas s'attendre que l'Arabe une fois qu'il aura passé par la caserne ou par le camp reprenne le chemin de son douar, aille retrouver sa mauquère et se remettre à la charrue.

L'arabe, d'un naturel déjà si indolent, aura pris en passant par le régiment, des habitudes de paresse insurmontable ; il dédaignera tout travail manuel. Il encombrera donc nos villes et poursuivra le seul but qui lui paraisse désormais digne de lui ; une place dans la domesticité administrative. Mais l'Etat, si paternel qu'il soit pour l'indigène libéré du service, quelles places pourrait-il fournir à 6 ou 8.000 hommes sortant tous les ans de sous les drapeaux.

Aux hordes de brigands réfractaires et déserteurs infestant les campagnes, viendra se joindre une foule de désœuvrés sans ressources, oisifs, qui peupleront nos villes. Frottés quelque peu d'une civilisation brillante et mal comprise, l'esprit en ébulition par les idées modernes, l'ancien « askri » deviendra entre es mains des agitateurs politiques une force inconsciente et dangereuse. L'Algérie n'avait pas eu dans son sein d'anarchistes jusqu'à ce jour. A l'avenir, avec la Conscription obligatoire pour les indigènes, elle en comptera par milliers.

Et je ne parle que pour mémoire d'une question économique important : Autant d'indigènes arrachés à eur douar par la Conscription, autant de bras arrachés à notre culture ou à notre industrie naissante. A raison de 6 à 8.000 hommes par an (chiffre espéré par l'Administration de la guerre) atteints par le service militaire, jugez de ce qui restera de bras disponible pour l'agriculture dans quelques années quand toute la population valide indigène aura contracté des habitudes de paresse et ce sera endurci dans le mépris du travail manuel.

Il y a là des considérants qui appellent la plus grande attention, a p us grande sollicitude de ceux qui dirigent les affaires publiques.

Passons enfin à l'examen de la dernière question. Malgré tant d'inconvénients à la Censcription indigène, aura-t-e le au moins le mérite de fournir à la France ces nombreuses levées, ces inépuisables réserves de guerriers irrésistibles.

Ici encore, mes FF.·. je crois qu'il faut s'attendre à de singulières désillusions.

M. Messimy nous parle d'une augmentation de 150.000 hommes tant sous les armes que comme réservistes.

A-t-il compris dans ses chiffres les nomades du désert ? Mais ceux là comment les atteindra-t-on ?

Et puis quand on fera l'appel annuel de tous ces conscrits, combien en reconnaîtra-t-on de bons pour le service parmi ces indigènes des villes et des tribus. atteints de tares de toutes sortes ou pour mieux en exprimer de vices redhibitoires.

Et une fois qu'on aura séparé le bon grain de l'ivraie, combien de ces nouveaux conscrits pourront se plier à nos habitudes adopter notre régime et s'acclimater sous le ciel de France, car c'est évidemment dans la Métropole qu'il faut déverser une partie de ces trop nombreuses réserves que l'Algérie ne saurait conserver sans péril dans son sein.

Défalcation faite de toutes ces non valeurs aurons nous encore ces effectifs nombreux dont on veut nous bercer. Dans l'impossibilité de disposer de documents démographiques sur la population indigène, je l'accorde. Nous aurons donc des effectifs nombreux. Mais dans toute troupe il y a un élément aussi important que le nombre, c'est la qualité, c'est l'esprit qui l'anime. Or, la Conscription ne nous fournirait que des soldats recrutés malgré eux, dévorés par la nostalgie, sans goût pour le métier des armes, n'aspirant qu'à se dérober à la première occasion. Les soldats ainsi obtenus dit M. Charles Petit au « Petit Journal » n'auraient ni le même entraint ni la même fidelité ni la même valeur que les mercenaires qui nous servent volontairement. Il faut donc rejeter de nos rangs tous les indigènes n'offrant pas de garantie de bonne volonté et de capacité pour le métier des armes.

Enfin admettons que tous nos conseils, que tous nos avertissements ne soient pas entendus, qu'on recrute cette formidable armée de 150.000 hommes soldats ou réservistes indigènes que fera-t-on des éléments actifs de cette multitude ? Les enverra-t-on en France ? L'expérience a été faite en 1868. Napoléon III qui déjà songeait lui aussi à s'appuyer sur des troupes étrangères au pays, sensibles seulement à l'appât d'une haute solde, avait fait venir deux régiments de tirailleurs indigènes pour leur faire tenir garnison à Paris. Au bout de quelques mois, ils s'étaient rendus impossibles à tel point qu'il fallut les repatrier en Algérie.

Quant aux indigènes sortant chaque année des rangs, quant aux réservistes, ils fourniront forcément un fort appoint au banditisme indigène ; beaucoup iront rejoindre les insoumis et les déserteurs. Ah ! si la sécurité n'est pas grande aujourd'hui, que sera-t-elle dans quelques années avec cette foule de paresseux de désœuvrés, de gens sans ressources et sans aveu connaissant le maniement des armes ? Nous ne voulons pas y penser.

Mais il y a un autre danger que cette réserve indigène ferait courir à l'Algérie. Croyez vous donc qu'il soit déjà si attaché à la France, si gagné par les prétendus bienfaits d'une civilisation qu'il ne comprend pas et qu'il repousse, si oublieux enfin de sa nationalité et de son passé pour que vous croyiez pouvoir le manier sans danger, le transporter sur un point ou sur un autre selon les exigences de la défense nationale ? Ce serait une folle présomption.

Au premier ordre de traverser la mer pour venir combattre à nos côtés dans les Vosges, les réservistes conscients de leur force, refuseraient net. Croyez-vous qu'ils aient oublié que leurs pères étaient les maîtres en Algérie ? Croyez vous qu'ils aient perdu le souvenir de ces expropriations qui le relèguent dans quelques terres sans valeur, dans les montagnes ou qui le réduisent au rôle de journalier dans les villes ? Croyez-vous qu'ils ne voient pas avec regret et convoitise ces terres fertiles et riches de moissons entre les mains des Européens et qui furent arrachés à ses ancêtres vaincus ? Croyez-vous qu'ils viennent bénévolement accourir à la défense de ceux qui, l'ont dépouillé et réduit en servitude, car il n'y a pas à se payer des mots. L'indigène dans son for intérieur se considère comme spolié et vaincu.

Ces sentiments assurément ils ne les avouent pas contenus par la force, n'ayant que le culte de la puissance physique, ils se résignent pour le moment et ils affectent une soumission à toute épreuve, une fidélité obséquieuse.

Quant à moi, je crains bien que ces fameuses réserves que nous formons avec tant de soin et de complaisance ne deviennent plutôt au premier revers, des auxiliaires pour nos ennemis ; oui je crains qu'ils ne se retournent au moment psychologique, contre les soldats au niveau desquels on a voulu les élever, contre les camarades parmi lesquels ils ont appris le métier des armes.

Dans le cas où ces réservistes indigènes ne tourneraient pas casaque et ne se transformeraient pas en adversaires déclarés, il est à craindre qu'ils ne deviennent cause de gros embarras et que, pour s'assurer de leur fidélité, il ne faille les contenir par la présence de gros contingents de la métropole. Ainsi nous aurions préparé au métier des armes 150.000 indigènes et pour ne pas les transformer en adversaires déclarés, nous renonçons à leur concours, et pour la sécurité de l'Algérie il faudrait peut-être les contenir par la présence de 80.000 ou 100.000 hommes de troupes métropolitaines.

Ainsi nous cherchons de nouvelles recrues, une augmentation d'effectifs par la Conscription indigène et cette mesure aboutirait finalement à une immobilisation de troupes françaises.

Je crois qu'il est inutile de s'étendre plus longuement pour démontrer que la conscription indigène repoussée par les colons et les arabes se traduirait par un mécontentement universel, une recrudescence dans des proportions inouïes du banditisme indigène, une déperdition considérable de main d'œuvre, la formation dans nos villes de groupes de mécontents, sans ressources, susceptibles de se transformer en agitateurs politiques en anarchistes et en apache.

Enfin loin de fournir à l'armée Française les éléments de forces nombreuses et aguerries, on aura tout simplement créé un danger permanent pour la Colonie et paralysé la défense nationale.

Au reste ces idées se trouvent à l'état latent dans les publications de nombreux journaux de la métropole et je terminerai en citant l'avis du plus autorisé de nos représentants, de notre ill.˙. fr.˙. Etienne ancien ministre de la Guerre qui s'exprime ainsi dans le Journal « L'opinion »:

« En invoquant l'exemple de la Tunisie, M. Messémy omet d'ajou-

« ter que la Tunisie quoique placée sous le protectorat français de-
« puis 1881, n'en est pas moins un Etat indépendant et que les Beys
« puis 1881, n'en est pas moins un Etat indépendant et que les Beys
« qui avaient imposé a Conscription bien avant 1881, sont aux yeux
« des Tunisiens eurs souverains légitimes.

« En est il me même en Algérie ? Nous trouverons-nous en pré-
« sence d'une population qui a la même allure, le même tempérament,
« la même mentalité que la population Tunisienne? Le musulman d'Al-
« gérie est au contraire un guerrier dans l'âme. C'est un fanatique et
« il ne s'incline que devant la force, vigoureusement et longuement
« démontrée.

« Quels efforts a dû faire la France pour conquérir l'Algérie ; puis
« après la conquête, quelles insurrections, quels soulèvements n'a-t-
« on pas eu à réprimer ?

« Ces faits d'hier ne démontrent-il pas qu'il n'y a aucune compa-
« raison à établir entre le musulman Tunisien et le musulman Algé-
« rien. L'Arabe d'Algérie n'a pu être maintenu dans l'état de sou-
« mission où il vit, que depuis 25 ans à peine ; grâce à la sagesse et à
« la prudence du Gouvernement général qui n'a jamais voulu rien
« faire qui pût choquer les mœurs et le caractère de nos sujets Algé-
« riens.

« En 1886, lors de l'application à l'Algérie de la loi sur l'enseigne
« ment primaire obligatoire ; une vive effervescence se manifesta et
« il fallut s'incliner devant les unanimes protestations des arabes.
« Qu'en sera-t-il le jour où l'on tenterait de leur imposer le service
« militaire obligatoire ?

« Le statut personnel des indigènes auxquels ils sont si attachés,
« est le gage de notre domination en Algérie. Le jour où nous vou-
« drions le modifier tant soit peu, nous provoquerions la plus redou-
« table des révolutions en Algérie. Pour maintenir la paix en Algérie,
« nous n'avons qu'à laisser, suivant la belle formule de Waldeck-
« Rousseau, l'indigène évoluer dans sa propre civilisation, ne lui
« demandons pas ce qu'il ne peut ni ne veut nous donner. »

Et notre EM∴ fr∴ Etienne conclut : « La France n'a pas à de-
« mander à l'Algérie de contingents supérieurs à ceux qu'elle lui
« fournit à l'heure actuelle. Autant je suis convaincu que l'appel di-
« rect serait une grosse faute, autant je suis certain qu'il est possible

« de trouver par la voie des engagements volontaires et les rengage-
« ments, les 20 ou 30 000 hommes qui nous sont indispensables, à a
« condition de relever d'urgence es pensions d: retraite indigènes
« si imprudemment réduits en 1903. Exigerait on plus de 30.000 hom-
« mes ? On ne saurait où les caser. »

Et quelques semaines plus tard notre « fr.·. Etienne corroborait
« encore plus energiquement ses précédentes appréciations, disait :

« Aucune comparaison n'est à faire avec la Turisie. Des troubles
« seront à redout·r résultant de la résistance des indigènes ou de
« leur révolte, contre ce qu'ils considéreraient comme une injustice.
« On ne peut demander à l'indig·ne d'adopter la Conscription. Il est
« habitué à s'engager et il est impossible de lui imposer l'obli-
« gation du ·ervice dont il s'eloigne de plus en plus, au fur
« et à mesure que sa situation s'améliore. Grâce à nous, depuis
« quelques années, il a su gagner des salaires. Il ne vient plus à la
« caserne. Le statut que nous lui avons conservé lui permet de nous
« dire »:

« Vous n'avez pas le droit de m'imposer le service militaire et
« d'ailleurs que m'offrez-vous en échange ? Je ne vous dois rien et
« moins que tout autre, l'impôt du sang, puisque c'est vous qui m'avez
« imposé votre domination par la force ».

« Il n'y a guère que depuis 1881 que, sauf quelques explosions de
« fanatisme, l'arabe vit dans une paix profonde et que notre domina-
« tion soit solidement assise en Algérie. Il est impossible que nous
« puissions compromettre de gaieté de cœur, en adoptant le projet
« Messemy, le benéfice de nos efforts et d'une pacification chèrement
« acquise ».

Ces sages paroles mes FF.·. sont celles d'un homme politique ex-
perimenté, connaissant à fond les questions indigènes, d'un sincère
ami de L'Algérie.

Il a qualifié de folie la Conscription indigène et montre nettement
la limite des contingents indigènes que la France peut admettre avec,
avantage dans ses armées et sans qu'il en résulte un danger national.

Incorporés avec mesure dans nos rangs ils les renforceront. Incorporés sans mesure ils les paralyseront.

Je crois donc mes FF.·. que notre F.·. Etienne a fort bien saisi la
question et montré le point de vue d'où nous devons l'envisager.

Du reste, mes FF.·., vous connaissez tous le caractère arabe : il est versatile et dissimulé; il est vénal - il se souvient toujours qu'il est arabe et ceux des indigènes qui nous semblaient les plus affranchis des prescriptions coraniques, retournent immédiatement à leurs vieilles habitudes, à leurs mœurs, dès qu'ils sont affranchis de notre contrainte.

Quant à compter sur la reconnaissance indigène, quelle utopie ! Combien connaissent mal ce peuple, ceux qui parlent ainsi ! Il n'est pas un de vous mes FF.· qui ne connaisse personnellement quelques traits par lesquels se révèle la mentalité des indigènes en matière de reconnaissance, c'est un sentiment qui lui est inconnu.

On obtiendra peut être quelque chose de l'indigène en l'achetant, mais jamais on ne se l'attachera par des bienfaits.

Votre opinion est je pense faite mes FF.·. et je crois qu'il ne me reste plus que quelques mots à dire sur l'état actuel de la question, c'est-à dire où en est le rapport de la Commission instituée par le Mini tre de la Guerre.

Cette Commission s'est transportée sur place en débutant par la Tunisie, dont l'exemple avait dissipé dans l'esprit de ses membres, bien des préventions contre le projet Messemy, mais si l'on en croit les indiscrétions de la Presse, on a dû en rabattre en présence des renseignements recueillis en parcourant le pays et aussi de l'accueil franchement hostile de tous les colons, de la méfiance non moins hostile des indigènes (des émeutes ont même eu lieu dans un gros village voisin d'Alger et dans une commune mixte du département d'Oran).

Quoi qu'il en soit, après onze mois d'étude, cette Commission a préparé un rapport qui serait bientôt soumis au Parlement. Ce nouveau projet maintiendrait le principe de la Conscription mais on ne retiendrait sous les armes que 5, 6 ou 8 0/0 des jeunes indigènes appelés en raison de leur âge.

Réduit à ces termes le projet ne semble rien avoir d'alarmant pour la Colonie. On se livrerait à une sorte d'expérience. Quoiqu'il en soit il est à craindre pour les raisons exposées plus haut, que l'adoption du principe même de la Conscription, ne jette le plus grand émoi parmi les indigènes musulmans. Il est à craindre aussi qu'après avoir été appliquée au début avec une sage réserve, l'Administration militaire ne vienne avec un Ministre de la Guerre entreprenant à puiser dans des proportions de plus en plus élevées dans la « Classe Indigène », inconciliables avec la sécurité de la Colonie. en déversant chaque année sur l'Algérie des milliers d'indigènes paresseux, incapables de se remettre au travail, sans ressources, mais ayant dépouillé leur simplicité native. ayant pris dans leur court passage sous les drapeaux, les exigences et les vices de la civilisation européenn', enfin devenus familiers avec le maniement des armes et tentés de s'en servir à leur caprice.

Pour toutes ces raisons et bien d'autres similaires, je persiste à croire que tous les Algériens doivent sans retard agir auprès de leurs représentants pour qu'ils repoussent de toutes leurs forces le principe, même mitigé, de la Conscription indigène et s'opposer à ce qu'on en fasse la moindre expérience.

Tel doit - être mes FF.'. l'avis de tous les bons Français de tous les Algériens dévoués et soucieux de l'avenir de notre grande et belle Colonie.

Avant de quitter cette place. laissez-moi V.'. M.'. et vous tous mes fr.'. vous remercier de la bienveillante attention que vous n'avez cessé de me prêter pendant la lecture de ce long et fastidieux travail. Mon excuse est toute dans mon ardent désir de vous exposer mes vues dans une question qui interesse au plus haut point le sort de l'Algérie.

Heureux si j'ai été compris de vous et si mon modeste travail, grâce à votre active propagande, porte des fruits dont nous sommes tous appelés à profiter.

Permettez - moi aussi de remercier nos T.'. CC.'. FF.'. VIS.'. de l'empressement qu'ils ont mis à venir assister à cette tenue.

Je termine en vous assurant, une fois de plus, que par une collaboration constante, par un travail assidu par un dévouement ininterrompu aux intérêts maçonniques. je m'efforcerai à me rendre digne de notre R.'. L.'. « LA RAISON ».

www.ingramcontent.com/pod-product-compliance
Lightning Source LLC
Chambersburg PA
CBHW060517200326
41520CB00017B/5078